문학사랑 시인선 082

아직도 서성이며

정해창 시집

오늘의문학사

일러두기

본문에 사용한 '>'표시는 연과 연 사이의 '빈 줄'을 나타냅니다.

아직도 서성이며

| 서문 |

시집을 발간하면서

어제 저녁에는 비가 촉촉이 내리더니 오늘 아침 얼굴에 스치는 바람결은 시원함이 지나쳐 옷깃에 냉기가 스며든다. 내가 나를 돌아본다. 퇴직 후 21년이 지나 돌아보니 어정세월에 무엇 하나 내세울 것이 없다. 물도 절벽을 만나야 아름다운 폭포가 되고 석양도 구름을 만나야 알록달록 노을이 곱게 든다 했다. 돌아보면 절벽도 구름도 만나보지 못한 부덕함을 부끄럽게 생각할 뿐이다.

긴긴 세월 무엇 하나 내세울 것이 없다. 굳이 자랑하라 하면 부끄럽지만 손녀 둘을 애지중지 돌보아서 중·고등학교 6년 전 과정을 과외지도 해준 것뿐이다.

돌아보면 힘들었다. 잘 가르쳐주진 못했지만 잘 따라 준 것이 대견스럽고 보람도 느꼈다. 손녀들이 곱게 자란 모습을 바라보면 흐뭇하고 대견스럽지만 진정한 내 자랑거리가 전혀 없으니 마음 한 구석이 헐려나간 것 같다. 퇴직하면 가슴 따뜻한 글을 써 사람과 사람 사이에 막혀 있는 벽을 허무는 정감 넘치는 글을 쓰고 싶었지만 글재주가 없어 꿈은 꿈으로 끝났으니 모두가 허상인 듯했다.

글을 쓰는 일이 힘들다는 생각이 새삼스러운 일이 아니지만, 비록 벽을 허무는 글을 쓰지 못하더라도 항상 사람 냄새 나는 글을 쓰고 싶었다. 하지만 이마저도 호락호락한 일이 아님을 깊이 느끼어 봤다. 이제 내 인생길도 종점이 어디인지는 알 수 없지만 많이 내려온 듯하다.

사람들은 산에 오를 때 오르막길이 내리막길보다 더 힘들다고 쉽게 말을 하지만, 내리막길도 쉬운 것만은 아닌 듯했다. 오래 전부터 내리막길을 준비해야 한다며 노력은 했지만, 그 모습이 부끄러울 뿐이다. 내리막길의 어느 곳에서는 초심을 잃고 이 골목 저 골짜기 헤매는 방랑인 행색은 아니었는지 돌아보면서, 언제나 등 뒤에서 보살피시는 주님의 따뜻한 말씀에 의지하여 힘겹게 예까지 왔음을 고백한다.

지금까지 동행해 주신 선후배님과 친지 분들의 끊임없는 사랑에 감사하고 이제 남아있는 내리막길 부끄러움이 적은 아름다움을 지킬 수 있도록 도와주시길 바라는 마음 간절하다.

『아직도 서성이며』는 세상을 살아오면서 교감된 느낌을 그리고자 하였으나 숨어있는 깊은 인생길을 잘 살피지도 못하여 끈끈한 정과 삶의 현장을 그리지 못한 아쉬움을 고백하면서, 앞으로 동행 길에서 좌우 행렬 맞추지 못한다 책하지 마시옵고, 조언해 주시고, 따뜻이 손잡아 주시기 부탁드리면서 이 책에 정성 담아 드린다.

2021년 가을
아직도 서성이는 외딴길 길목에서

- 목차

시집을 발간하면서 ················· 4

1부 행복전도사

용문폭포 ················· 13
노년의 향기 ················· 14
빨간 고추멍석 ················· 15
하화도 ················· 16
달빛 ················· 17
동짓달 초하루 ················· 18
행복전도사 ················· 20
호박덩이와 박덩이 ················· 22
색바람 ················· 23
봄기운 ················· 24
그리운 손녀 ················· 25
고운 주름 ················· 26
외출 ················· 28
은빛대학 개강을 기대하며 ················· 29
일 낸 작은 말 ················· 30
은빛대학 개강 준비 ················· 32
봄의 여신 ················· 33

봄소식을 기다리며 34
저녁은 무엇하고 먹을래 36
봄이 오는 길목 38

2부 꿈을 가꾸면서

꿈을 가꾸면서 41
스승의 날에 드린 기도 42
봄나들이 44
복슬이 45
생의 찬가 46
낙엽 지는 소리 47
시그널 48
옛 동무 49
아침기도 50
어린이날 52
메아리 54
이팝꽃의 도열 55
춘하추동 56
산길에서 57
덧없는 세월 58
새해의 바람 59
5월은 참 좋은 달 60

- 목차

고향 가는 길 ·················· 62
행복한 목요일 ················ 64
노령의 산책 ··················· 65
먼 산 바라기 ·················· 66

3부 마음의 그림자

새해의 희망 ··················· 71
마음의 그림자 ················ 72
바람[望] ························ 73
가을 길 ························· 74
꽃길 ···························· 76
석양볕 ························· 78
친구 ···························· 80
정결한 모습 고이 간직하소서 ········ 82
무명세수 수건 ················ 84
은빛 되게 하소서 ············· 85
명자나무인가 미가목인가 ······· 86
새벽공기 ······················ 88
그리움 ························· 90
첫 눈 ··························· 91
달을 보며 ····················· 92

낙화(落花) ·· 93
은빛대학의 하루 ·· 94
성원에 감사드리는 글 ································ 96
해가 나면 뜨거운가 ··································· 98
복슬이와 야옹이 ······································ 100
나팔꽃 ·· 101
첫 추위 ·· 102
지기지우 내 친구 ···································· 104
단풍잎의 희비 ··· 106
아버님, 우리 아이 됐어요 ····················· 108

4부 시인이 쓴 산문

퇴임사 ·· 113
은구비 길 ··· 118
만남의 기쁨 ··· 121
석별의 정 ··· 124

 아직도 서성이며

1부
행복 전도사

용문폭포

용문폭포 돌담을
떠나는 낙엽에도
갈바람은 흐르고

나그네의 심산에도
가을이 막 익어갑니다.

맘껏 가을을
깊게 호흡하소서.
마음껏 가을빛을
머금으소서.

노년의 향기

화려한 젊음보다
묵향처럼 은은한
노령의 향기를
나는 더 좋아한다오.

은은한 당신의 체취를
나는 그래서
내 마음 깊숙한 곳에
숨겨두고
조금씩 조금씩
두고두고 음미한다오.

청포도 같은
향기 부럽지만
자신을 알라하는 말처럼
오늘을 냉철히 보며
주어진 일에 만족하며
벗들의 사랑 성찰하며
오늘도 어제 같이 살리오.

빨간 고추멍석

동그만 초가삼간
새로 이은 노란 지붕
추억이 아련해집니다.
그 모습 정겹게
다가섭니다.

한적한 앞마당에서
햇볕 듬뿍 받는 고추멍석
한 귀퉁이에
고향의 옛집이
눈 아래로 다가섭니다.

그립습니다.
곁에 있어도 그립습니다.

서산이 긴 그림자 그리며
오늘도 저물어갑니다
세월이 갑니다.
가을이 갑니다.
하루가 갑니다.

하화도

친구의 노고와
슬기가 배인
여수시 아래꽃섬 하화도

가을 하늘보다
가을 단풍보다도
더 곱고 아름답소

물살을 통쾌히 가르며
선유하는 작은 목선
바라보기만 해도
발바닥이 간지럽소

심산의 통쾌한 하루가
자랑스럽소
심산의 생애입니다.

달빛

간밤의 달빛이
눈에서
떠나지 않소.

하늘이 높고
맑아서일까,

유난히 곱고
그리움이
많아서일까,

마음이
청청해서일까.

동짓달 초하루

어제는 오색단풍
곱게 차려입고
시월을 환송하였는데

오늘은 동짓달 초하루
회색빛 갈아입고
찬비가 흩날리니
화려했던 어제가 무색합니다.

친구여!
날씨 탓하지 마시고
보고파서 단풍 한 장 전하오니
백사 전폐하고 왕림하사
눈빛이라도 부딪혀 보소

어즈버!
가는 세월 탓하지 맙시다.

보고파 생각날 때, 우리
다시 만나

한잔 술 화이팅하며
건배나 외치어 봅시다.

행복전도사

삼척항도 잘 보았고
덴마크가 복지국가가 된
이유도 잘 보았오
고맙소

날쌘 제비가
제 식구 잘 먹인다 하더니
효제는
어려움도 고달픔도
까마득히 잊고

이 구석 저 구석 굽이굽이 누비면서
이 소식 저 소식 전해주어서
좋은 글과 그림
잘 보고 느끼면서
감사함을 금치 못하오

늘 건강하고
행복 가득 머금고
오늘도 내일도 행복 가득 안고

기쁨 누리면서
행복전도사 되소서.

호박덩이와 박덩이

어렸을 적
초가지붕 위에 피었던
노오란 호박꽃과
저녁에 폈던 하얀 박꽃

그리고 늦가을
초가지붕 위에
동그마니 앉아있던
누렇게 익은 호박덩이와
큼직한 박덩이가
내 마음을 부유케 했던
그때가 그립습니다.

엊그제 같은데
그러나 손가락으로도
한참을 헤아려지는
세월입니다.

색바람

어제는 하늘 높고
햇볕 따끈따끈하더니
오늘 새벽 공기는 시원함이 지나쳐
옷섶으로 냉기가 스며듭니다.

먼 산자락의
윤곽이 선명한 이 아침
긴소매 옷이 그립고

온 몸엔 새 힘 솟아
창공을 향해
힘껏 솟아오르고 싶은
새날 새 아침입니다.

오늘도 좋은 삶
되시기를 기원합니다.

봄기운

동창이 환합니다.
중천에 해가 떴습니다.
베란다 창에
맑지는 않지만
구름 없는 민 하늘이
베란다 창에 펼쳐집니다.

봄이 오는 길목에 서서
그리도 심술스레 발목 잡던
추위도 강 건너간 듯
앞산이 품안에 듭니다.
뒷산도 가볍게 다가섭니다.
온 하늘이 내 품에 잠깁니다.

그리운 손녀

우림아!
보고 싶구나
오늘 날씨 끝나게 좋았다

은구비에 올라
파란 하늘 마음껏 올려다보고
맑은 공기 마음껏 마시고
맑은 공기 꼭꼭 뭉쳐
한아름 안고 왔지

두고두고
우림이 생각하며
조금씩 조금씩 꺼내어 마셔야겠다
서울에 안개 낀 날이면
너에게 한 덩이씩 보내야겠다
잘 있거라.

고운 주름

반가운 만남이 엊그제였는데
또 방학

한주일이 멀다하고
기다려지던 목요일
만나고 싶고 보고 싶은
엷은 미소의 주름진 얼굴들

어디 사는 누구인지 잘은 몰라도
만나면 두 손 잡아 반겨주던
빛나는 예쁜 눈망울

이젠 눈만 감아도
밤하늘에 별빛 되어
내 마음에 기쁨 주고
희망 주었던

주름 잡힌 고운 미소들
내일이면 보고 싶고
또 만나고 싶을 텐데
2000년 봄 학기 만남 기다리다

＞
내 이마엔 고운 주름
또 하나 늘어나겠네.

외출

사모님!
시시처처 어디인들
편하시고 한적한 곳 있으시겠습니까만
쉴 만한 곳은
그래도 교육받으실 때인 듯합니다.

외출하신 그 길에
모든 것 잊으시고
심호흡 길게 한 번 하시고
손길에 물기도 말려보시며
아픈 마음 잊어 보심도
짐을 더는 한 가지 방법인 듯합니다.

매사는 시간이 치료제입니다.
내가 아프면
저분들도 아플 겁니다.
외출하신 그 길이
망중한이 되시길
바라는 마음 간절합니다.

은빛대학 개강을 기대하며

오늘 오후에도
은구비 공원에 산책 나갔다.
두꺼운 오리털 겉옷을
나뭇가지에 던져놓고
우유빛 하늘 바라보며 걸었다.

얼굴에 스치는 싱그런 봄바람
나뭇가지엔 통통해진 잎눈
산수유가지에 볼록해진 꽃눈
귓전에 울리는 듯한
미세한 물오름 소리
이같이 봄이 오는 향연의
신비함을 미처 몰랐다.

참으로 길고도 추웠던 겨울 날씨도
봄바람 결에 잦아들었다.
이젠 봄소식 안고
노은 은빛대학도
새로운 꽃이 피겠다.

일 낸 작은 말

오늘도 선생님들께서
승리한 하루였습니다.
큰말 나가면
작은 말이 일 낸다하더니
오늘 아침의 은빛대학은
빛나고 빛났습니다.

찬바람 역류하며 등교한
노인 학생들을 따뜻이 맞기 위해
훈훈한 난로 피워놓고
따끈한 차 가지가지 준비하여
마음가는 대로 드시도록 준비하신
송 선생님, 이 선생님의 마음만큼
아침 분위기가 따뜻했고
너무너무 감사합니다.

오 선생님은 그 목청이 얼마나 아팠을까?
갑자기 큰 목소리로 노래 부르며
누구를 원망하진 아니했을까?
아픈 목 감수하며
한 시간 애쓴 끝 무렵엔

목소리가 다듬어진 듯
곱고도 음량도 풍부하게 들렸지만
저 목이 무사할까 염려가 태산입니다.

은빛대학 개강 준비

지난겨울은
일찍이 경험하지 못했던
혹독한 추위였습니다.
목사님과 선생님들
안녕하셨습니까?

진홍색 무술년 새해
새봄의 생기발랄한 햇볕
듬뿍 받고
은빛대학도 새롭게
디자인되기를
기도합니다.

약속된 날 함께 만나
힘찬 첫 발자국
떼기를 원합니다.
하나님!
우리 모두 한마음으로
힘껏 전진케 하옵소서.

봄의 여신

긴긴 삼동
눈감고 입 다물었던
벚꽃 가지엔
봄볕 가득하여
수줍은 듯 실눈 뜨고
분홍빛 엷게 머물더니

인정 없는 꽃샘추위에
피는 듯 눈 감으니
벚나무 가지 마다엔
고요함이 찾아들어
온 뜰안에 적막함이 가득하더니

피다 멈춘 벚꽃송이
Humming으로 화답하니
봄의 여신이 다시 와
뜰안에 가득합니다.
내일의 희망입니다.

봄소식을 기다리며

날씨가
갑자기 추워졌습니다.
늙은이 건강과 겨울 날씨는
가늠하기 어렵다 하더니
날씨 많이 춥습니다.

엊그제 지족산에 오를 때만 해도
땅속에서 물흐름 소리가 나는 듯해서
봄이 가까이 온 듯 착각했었는데

오늘 새벽 기온은
온몸과 온 마음을
강하게 조이어 왔습니다.

이제 며칠 있으면
새해의 첫 절기인
입춘이 지척에 와 있으니
꽃소식 봄소식이
우리의 몸과 마음에
새 힘과 새 기쁨 주어
몸과 마음을 자유롭게 하겠지요.

〉
새봄을 시샘하는
동장군의 마지막 위세를
거뜬히 이기시고
건강한 모습 밝은 얼굴로
만나기를 기원합니다.

저녁은 무엇하고 먹을래

현관 벨이 울리면서 인기척이 난다.
"어머니 저예요."
낭랑한 음성이 귓전에 울린다.
"응 그래 추운데.
막내가 왔구나. 예 앉거라."

잠시 후 주방에서 도란도란
무슨 말인지는 알 수 없지만
탁한 목소리와 낭랑한 음성이 오간다.
마침내 할머니의 웃음소리가 들린다.
까르르 막내의 웃음소리가 들린다.

주방과 거실에서는
또 한 그루의 화목한 향내음 가득하다.
딸타령 하는 할머니
막내만 오면
저렇게 붙잡고 오순도순
시간가는 줄 모른다.

막내가 일어나는지
"어머니 저 갈게요."

현관문이 열린다.
"그래 잘 가거라.
저녁은 무엇하고 먹을래?"

봄이 오는 길목

동창이 환합니다.
중천에 해가 떴습니다.
베란다 창에
맑지는 않지만
구름 없는 민 하늘이
숨김없이 펼쳐집니다.

봄이 오는 길목에서
그리도 심술스레 발목 잡던
추위도 강 건너 간 듯
뒷산도 가볍게 다가섭니다.
앞산이 품안에 듭니다.
몸도 마음고 한결 가볍습니다.

2부
꿈을 가꾸면서

꿈을 가꾸면서

희망이 가득한 대지에
아이들의 작은 꿈을 가꾸면서
평생을 교단과 함께한 무명 교사님들의
긴 그림자를 여운으로 그리면서
재잘거림의 뒤안길로 스며듭니다.

님이 뿌린 값진 노력은
숨을 잠시 멈춘
나뭇가지의 새 눈이
건강한 새 눈으로 돌아나듯
질편한 대지에 힘껏 피어나리니
피곤한 나래
아이들의 잔상에 영원할 것입니다.

우리의 겨울인 아이들을 바라보면서
그들의 눈망울에
용기와 힘을 심어 주기에
평생을 다하셨기에 작은 힘이 큰 힘 되어
조국강산의 버팀목 되리니
그들의 꿈속에 안주하소서.

스승의 날에 드린 기도

높고 푸른 5월의 하늘
그것이 우리의 마음인 양
뿌듯한 가슴으로
다시 한 번 쳐다봅니다.

파란 하늘을
나 혼자 받쳐들 양
동동대던 지난날의 발자국
다시 한 번 돌아봅니다.

연두 빛 새 싹 돋아
여린 잎 피어나고
그 속에 새 순 자라
힘차게 뻗어 가던 가지마다에

싱그러운 희망 심고
사랑으로 보살피며
간절하게 기도하던 지난 날을
다시 한 번 돌아봅니다.

우리가 쏟아 붓던

정말 그 작은 마음들이
그 정성들이
높고 푸른 하늘 되게 하소서.

봄나들이

바람이 바뀌었습니다.
햇볕이 따스합니다.
양지에는
성급한 초록이
제 모습을 한껏 자랑하고
시냇가 버들가지엔
춘색이
일일신 합니다.

버스가 달립니다.
시골길을 달립니다.
텅 빈 차창에 기대앉은
촌로의 미간에는
단잠이 흐르고
주름진 이마에는
인생 여정의
파노라마가 잠겼습니다.

복슬이

양지 바른
대청마루 가에
언니와 복슬이가
오늘도 마주했지요.

언니 곁에서
흉내쟁이 복슬이가
오늘도 꾸벅꾸벅
어제도 그제도
언니와 복슬이는
마주보고 꾸벅꾸벅

언니가 꾸벅하면
복슬이도 꾸벅꾸벅
둘이서 장단 맞추어
꾸벅꾸벅 다정도 하네.

불청객
야옹이의 야옹야옹 소리가
대청마루에 메아리져
둘이서 부스스 기지개 켜네.

생의 찬가

세상이 바쁘게 돌아간다.
눈도 마음도 마냥 밖으로만 쏠린다.
그것에 사로잡혀 구경도 하고 번민도 하고 궁리도 한다.
가끔은 눈을 감고 '마음의 눈'을 안으로 돌려
'나'라는 인간의 내면세계를 스스로 묻고 싶어질 때가 있다.

밖을 바라보면 잡념 없이
삶의 장면에 밀착해서 열심히 살고 있는 모습이 있다.
거기에 무아경과 삼매경과 무시와 영원마저 있다.
그것은 가장 삶다운 삶의 모습이다.
이런 삶의 시간에서 많은
두려움과 고독과 불만을 잊으며 초월한다.

자아를 초월하는 몰입의 순간들
그것은 열렬한 사랑일 수도 있다.
헌신적인 봉사일 수도 있고 자신의 성장일 수도 있다.
작은 것이지만 나에겐
더욱 소중한 추억의 고봉들이다.
생의 잔잔한 대지 위에 솟은 봉우리여
영원하옵소서, 빛이 되옵소서.

낙엽 지는 소리

궂은 빗소리
가는 세월 재촉하고
앙상한 나뭇가지엔
빛바랜 나뭇잎의
가냘픈 여음이
싸늘한 바람결에
간절한 기도 되어
무심한 길손의
심안을 밝혀줍니다.

뜰 아래 지는
낙엽의 긴 그림자는
가는 세월 재촉하고
석양의 긴 여음은
초가삼간 잠재우며
어둠 속에 송아지의
애잔한 울음소리
중생에 복음 되어
영생의 빛이 되소서.

시그널

찬바람에
전깃줄이 시린가 봅니다.
나뭇가지 끝의
나뭇잎 하나마저 힘겨워 보입니다.

언 손 마주잡아
호호 불며
화롯불에 녹여주시던
할머니의 주름진 손등이 삼삼합니다.

참으로 세월은 빠릅니다.
춘삼월이 엊그제 같았는데
이팔청춘이 엊그제 같았는데
한해의 끝이 보입니다.

가는 세월
고이 보내고
오는 세월에 건강을 빕니다.

옛 동무

옛날이, 그 옛날이
자꾸자꾸 그리워진다.

못살고 굶주리며
구질구질했던 어린 시절
고비고비 절절이
그리워집니다.

손에 잡힐 듯 잡힐 듯
하면서도
멀리만 보이는 그 동무들

씀바귀 캐고 새타귀 뜯던 동무들
지척에 살았으면
정말 정말 좋겠다.

눈앞에 아련한 동무들
보고 싶다 만나고 싶다.
또 보고보고 만나고 싶다.

아침기도

봄이 절기 따라 온다 하시던
할머니 말씀이 생각나는 이 아침
오가는 세월이 내 눈에
잡힐 듯합니다.

간밤에도 한 해가
매듭짓는 시점에서
주님께서 돌봐 주신
은혜에 감사하고
새 마음을 다짐하는
송구영신 예배도 드렸습니다.

무상한 세월 앞에
속절없이 흐르는
파노라마 같은 세상
어제 일이었던가,
그제 일이었던가, 분별하기 어려워
연필 잡고 기록하는 일이 다반사이니
햇수가 산수인 나에게도
세월이 전광속화 같이 다가섭니다.
>

임들이여!
오가는 세월 한하지 마시옵고
섭생관리 잘 하시어
이웃 친지 자식에게
누가 되지 않게 하시옵고
정결한 그 모습 고이 간직하사
멋지고 활기차게
여생을 빛내시길
바라는 마음 간절합니다.

어린이날

중천에 해가 걸쳐 있습니다.
베란다 창가에
맑지는 않지만
구름 없는 민 하늘이
베란다 창에 숨김없이 펼쳐집니다.

봄이 오는 길목에서
그렇게도 심술스레 발목 잡던
추위도 멀리멀리 물러간 듯
앞산 허리를 가볍게 감도는
훈훈한 바람결에 봄내음 가득합니다.

나를 반겨주는 선생님들
추억이 있었기에 선생님들을 기억합니다.
햇볕보다 더 정답고 따뜻합니다.
선생님들이 계셨기에 어린이날을 맞이합니다.
푸른 하늘이 내 것 같습니다.

세월이 가면 세상이 변한다지만
사람의 마음만큼
무디어지는 것도 없는 듯합니다.

여기가 거기 같고 어제가 오늘 같듯
무심이 세월만 흘러갔습니다.

선생님들 이 좋은 오늘
마음마음에 기쁨 소복소복 담아
행복한 오늘 다시 없는 오늘을
마음주머니에 가득 담아
기쁘고 건강한 하루 되소서.

메아리

'여보'
당신이 부르면
나도
'여보' 부르고

'저기'
당신이 말하면
나도
'저기'라 말하네.

이팝꽃의 도열

아파트 숲을 빠져나왔습니다.
은구비 둔덕에 오르니
싱그러운 6월의 바람결이
꽃내음 가득 싣고 가다
얼굴에 꽃내음 토하며
스치어 갑니다.

개나리 벚꽃 목련이 피고 지더니
어느새 이팝꽃이 후드러지게 피어
백의 천사 뜰에 갇힌
진홍색 장미가 처량한 모습으로
긴 고개 내어 밀고 갸웃거려
길손의 발걸음을 머물게 합니다

6월은 백화만발하고
세상이 쪽빛으로 변신하는
개벽의 계절인가 봅니다.

춘하추동

봄 햇살 사랑으로
언 땅 비집고 솟은
연초록의 새싹들
그리도 곱고 곱더니
해님의 역사하심으로
울창한 숲이 되고
이도 잠시 잠깐
곱게곱게 물들어
길손의 발길을 머물게 합니다.

변화무쌍한 세월 속에
곱디곱던 단풍이
한잎 두잎 낙엽 되어
나무 둥치 아래에
수북이 쌓이고 쌓여
그간의 은혜에 보은하려는 듯
솔바람에 장단 맞추어
와그락 와그락 장단 맞추더니
나무 꼭대기에선
애처롭고 앙칼진 멜로디가
귓가에 여운으로 맴돕니다.

산길에서

'맹감덩굴'에는
가시가 있어요.

그래도 예쁜 곳을
찾아보면
자세히
살펴 보면
빨갛게 익은
열매가 고와요.

참미래덩굴
이름이 아름다워요.

덧없는 세월

친구!
세월이 덧없이 흐르네요.
산 정상에 내려앉기 시작한
단풍이 곱디곱게 물들어

이젠 낙화되어
비바람에 몰려오고 몰려가는 모습이
마치 참새 떼 같이
위세 당당하더니
이도 잠시 잠깐
거리마다 뒹구는 낙엽의 위상이
권력의 뒷모습이 보이는 듯하여
감회가 씁쓸합니다.

친구 이제 11월 하순
동장군이 입성하겠지요.
건강에 완전 무장하시어
겨울의 복병 만나지 마소서.

새해의 바람

참으로 오랜 시간이 흘렀습니다.
엊그제 같은데
동행하는 친구의 모습에서
무정한 세월이
덧없음을 느끼곤 합니다.

희망을 품은 새해의 붉은 태양이
눈 덮힌 동토 위로 치솟아 오르듯
새로운 내일을 향해
추억을 남기고 가는 그 길 위에
아름다운 흔적으로 영원하게 하소서.

새로운 내일을 향해
가는 그 길 위에
꿈이 실현되고
사랑이 샘솟아
부귀영화 누리게 하소서.

5월은 참 좋은 달

참 좋은 달 5월입니다.
간밤의 천둥번개 소리에
대지가 촉촉이 젖고
싱그러운 대지 위엔
재절거림의 어린아이들이 가득합니다.

교직을 천직으로 삼고
온힘 다한 그 길 위에
소중함을 가득 채워줍니다.
찾아온 불청객들의 화두에는
그리움과 사랑이 가득했고
풋풋했던 젊은 날의 모습에
얼굴이 붉어지기도 합니다.

시간이 흘렀습니다.
혼자만의 시간이 많아졌습니다.
뒤를 돌아보면
아쉬움에 쫓기었던 시간들
한순간 추억의 잔상으로 어우러지고
내일을 내다보며

마음을 가다듬게 하는
시금석이 되어집니다.

고향 가는 길

고향 가는 길
기찻길 따라 산모롱이를 돌면
내가 살던 고향집
초가삼간이 눈 안에
들어선다.

옛 이야기가
되어버린 그 길!

도로가 넓어지고
곧은 기찻길이 나면서부터
기차에서 고향집을
내려다보는 것은 옛이야기

그 길이 그리워진다.
자꾸자꾸 그리워진다.
기적을 울리며 산모롱이 돌던
구부러진 그 길
꿈에서라도 그때 그 기차 타고
고향집을 내려다보고 싶다.

진짜 타고 싶다.
가보고 싶다.

행복한 목요일

은빛 선생님들
어쩌면 이다지도 곱고 선하실까요?

카톡방이 봄동산 같이
따뜻하고 아름답습니다.

정성껏 고임해서
은빛 학생들 맛있게 드시는 모습
흐뭇한 마음으로 지켜보고
홀홀히 떠나신 소풍길
얼마나 즐겁고 흐뭇하실까요.

가벼운 소풍길에 못다 한 정 나누고
어깨저림 아픈 다리
소풍길에 내려놓고
뿌듯한 맘으로 돌아와서

예쁜 모습 고운 마음으로
못 다한 사랑과 봉사
은빛대학이 꽃피게 하소서.

노령의 산책

아름답다 하는 말
과찬인 줄 알지만
귀는 칭찬에
익숙한가 봅니다.

저무는 가을 볕
즐기기엔 어울리지 않은
노령이지만
물빛 곱고
하늘 높으며
바람 싱그러우니
저무는 가을 볕
맘껏 뽐내 보는
노령의 한때입니다.

참으로 감사합니다.
하루가 평생이라 하더니
진실로 감사한
한때였습니다.

먼 산 바라기

심히 덥습니다.
하늘이 내려앉고
앞산도 멀리 보이며
매미소리도 뜸해졌습니다.
햇볕은 보이지 않지만
숨이 막힐 듯 콧속이 텁텁합니다.

가끔씩 한 줄기 바람이
얼굴을 스치면
그렇게 반가울 수가 없습니다.
그 한 줄기 바람이 희망 되어
창가에 앉아
먼 산 바라기가 되었습니다.

손에 잡히는 일도 없어
신문을 뒤적거려 봐도
눈길을 머물게 하는 소식은 고사하고
답답한 이야기가 가득합니다.
참으로 올 여름은 답답하다 못해
속이 후끈후끈합니다.
〉

시원한 바람이 불어오면
세상사 돌아가는 이야기에도
기쁨이 가득하겠지요.
"시원한 바람아,
어서어서 불어라,
자꾸자꾸 불어 오너라."

 아직도 서성이며

3부
마음의 그림자

새해의 희망

참으로 오랜 세월이 흘렀습니다.
엊그제 같은데
동행하는 친구의 모습에서
무정한 세월이
덧없이 묻어납니다.

희망을 품은 새해의 붉은 태양이
눈 덮인 동토 위로
치솟아 오르듯
2019년 새로운 내일을 향해
추억을 남기고 가는 그 길 위에
아름다운 흔적으로
영원히 남게 하소서.

새로운 내일을 향해
가시는 그 길 위에
황금 돼지와 함께 하소서.

마음의 그림자

누가 선생님의 마음을
이해할 수 있을까
어떻게라도 은빛 대학의
줄을 이어가려 애쓴
선생님의 마음을
누가 알 수 있을까

언제 어디서나
선생님의 손길이 필요하지만
은빛대학은 선생님이 꼭 필요한 자리이고
노인 학생들이 얼마나
선생님을 좋아했는데
홀연히 떠나시면
누가 그 바람을 메울 수 있을까?

선생님은 어디를 가도
환영받고 꼭 필요한 분이지만
그러나 재고하고
숙고해 주어서
은빛대학을 세우고
발전시키길 기대합니다.

바람[望]

그리운 사람이
더 그리워지는 계절입니다.

무성했던 잎이
곱게곱게 물들더니
우수수 지고
앙상한 나뭇가지 끝에 달린
마지막 잎사귀 하나
애처롭게 절규합니다.

이젠
이 산하에
흰 눈 소복 쌓이고
내일은 이 소망이
무럭무럭 자라
흰 눈 녹아 내린
그 위에
사랑과 화평의 꽃이
곱게곱게 피어나겠지요.

가을 길

굽이굽이 길가에
알록달록 핀
하양 노랑 분홍 꽃
마음껏 제 빛깔 뽐내면서
햇볕 만끽하려고
하늘 향해
발돋움한 그 모습
곱고 곱습니다.

어제도 그제도
그 자리에 멈춰 서서
두 팔 활짝 펼치고
제 모습 뽐내 보려고
길지 않은 저녁 햇살
애타게 불러봐도
석양에 지는 햇볕
무심히 땅그림자만 길어집니다.

일구월심 지극정성
아쉬움 머금고
오늘도 제자리에 서서

내일 다시 오십사 애걸하듯
지는 별에 발돋움 하며
제 빛깔 자랑하지만
긴 그림자 그리면서
풀섶에 고이 잠들어 갑니다.

꽃길

구불구불 길가에
알록달록 곱게 핀
가을 꽃길
하양 노랑 분홍꽃
맘껏 제 빛깔 뽐내면서
햇볕 마음껏 가져보려고
하늘 향해
발돋움한 그 모습
곱고 곱지요.

어제도 그제도
제자리에 멈춰 서서
두 팔 활짝 펼치고
제 모습 뽐내 보려고
길지 않은 저녁 햇살
애타게 불러봐도

석양에 지는 햇볕
무심히 땅 그림자만 길어지네.
아쉬움 머금고 오늘도 그 자리에 서서
내일 다시 오십사 애걸하듯

지는 볕에 발돋움하며
제 빛깔 자랑하지만
긴 그림자 고이 안고
풀섶에 아쉬움 안고 잠들어요.

석양볕

구불구불 길가에
알록달록 핀
고운 가을 꽃길
하양, 노랑, 분홍 꽃
맘껏 제 빛깔 뽐내면서
햇볕 만끽하려고
하늘 향해
발돋움한 그 모습
곱고 곱구나.

어제도 그제도
그 자리에 멈춰 서서
두 팔 활짝 펼치고
제 모습 뽐내 보려고
길지 않은 저녁 햇볕
애타게 불러봐도
석양에 지는 햇볕
맘껏 머금고 서서
무심히 땅 그림자 그리네.

내일 다시 오십사 애걸하듯

지는 볕에 발돋움하며
제 모습 자랑하지만
긴 그림자 안고
풀숲에 고이 잠들어 가네.

친구

친구 창밖에는 부슬비가
소리없이 내리는데
코로나 소식은 도적같이
찾아들고 있어
세상은 쥐죽은 듯
조용하오.

친구,
내가 살고 있는 집
아주 가까이에
나의 유일한 일상의 벗인
은구비 공원이 있는데
산수유 꽃이 노랗게
몽오리져 만개할 날만
오늘 내일 기다리고
있는 듯하네.
딱히 할 일도 없어
친구가 보내 준 카톡과
은구비 공원이 유일한
말벗 된 지 많은 시간이
흐르고 흘렀네.

〉
밖은 지금도 부슬비가
소리 없이 내려
아파트 창문엔 물방울이
한 폭의 그림같이
아주 느리게 흐르고 있네.
우리도 저 물방울 같이
세상을 느리게 관조하며
건강 누리기 바라오.

정결한 모습 고이 간직하소서

'봄이 철길 따라 온다'하시던
할머니 말씀이 생각나는 이아침
오가는 세월이 내 눈에
잡힐 듯합니다.

지난 밤 또 한 해가
매듭짓는 시점에서
주님께서 돌봐주신 은혜에 감사하고
새 마음을 다짐하는
송구영신 예배도 드렸습니다.

무심한 세월 앞에
속절없이 흐르는
파노라마 같은 세상
어제 일이었던가,
오늘 일이었던가,
분별하기 어려워
연필잡고 기록하는 일이
다반사이니
햇수가 산수인 나에게도
세월이 전광속화 같이 다가섭니다.

선생님들!
오가는 세월 한하지 마시옵고
섭생관리 잘 하시어
이웃 친지 자식에게
누가 되지 않게 하시옵고
정결한 그 모습 고이 간직하시어
멋지고 활기차게
여생을 빛내시길
간절히 간절히 기도합니다.

무명세수 수건

날씨가 선선해졌다.
옛날 어렸을 적에 썼던
긴 무명 수건이 생각난다.

내 키만 했던 세수수건
8식구가 세수하고 나면
수건이 다 젖어 있어
덜 젖은 자리 찾아 썼던
그때가 엊그제 같은데

먼 추억이 되었네.
까마득한 그 추억
동생도 그때 생각나겠지.

그래도 나는 그때가 그립거든
그 세수수건 보고 싶거든
늦게 세수하고 나면
수건이 척척해서
마음이 찌그러지는 듯 했는데.

은빛 되게 하소서

은빛대학 선생님들
메리크리스마스입니다.
성탄절을 맞이하여
주님의 은총 가득하소서.

돌아보면 어려움 가운데에도
마중지붕의 격으로 진실했던
선생님들의 사랑과
헌신적인 협력에
이끌리고 동화되어
구김살 없던 이 모습 저 모습들
감사합니다.

우리 모두 하나된 마음으로
돕고 사랑하며
내가 어떻게 하면
은빛대학이 보다 발전할 것인가를
깊이 생각하는
병자년 한해 되길
바라는 마음 간절합니다.

명자나무인가 미가목인가

발강꽃봉오리와
청아한 흰꽃송이

뉘가 명자나무이고
누가 미가목인지
알지는 못해도

빨강 꽃봉오리와
연약한 하얀 꽃봉오리가
한데 어울리어

코로나 19로 얼룩진
세상 빛을

따뜻한 새봄 소식으로
리모델링하니 빛이 됩니다.
희망이 됩니다.

두 분 선생님의 주고받는
평범한 대화이지만
〉

어둠에 한 줄기
빛이 됩니다.
코로나 정국에.

새벽공기

어제는
하늘 높아
햇볕 따끈하더니

오늘
이 새벽 공기는 시원함이
지나쳐
옷섶으로 냉기가
스며듭니다.

먼 산자락의
윤곽이 선명한 이 아침
긴 소매 옷이
그립고

온 몸엔 새 힘 솟아
창공을 향해
힘껏 솟아오르고 싶은
새날 새아침입니다.
〉

오늘도 좋은 삶
되기를 기원합니다
하루가 삶이라 했습니다.

그리움

간밤의 달빛이 눈에서
떠나지 않는다.

하늘이 높고 맑아서일까,
유난히 곱고
그리움이 많아서일까

마음만 청청해서
그런가보다.

첫 눈

낙엽 진 앙상한 가지에
첫 눈 내리다 멈춘
황량한 들녘엔
외로움이 훔쳐 보듯
옷섶에 스며드는 이 아침에

솟아오르는 아침 햇살 같은
따뜻함을 가슴에 안고
이 귀한 시간을 아름다움으로 승화시켜

저무는 이 가을에
사랑 담아 띄워 봅니다.
존경하는 선생님들 오늘도
가슴에 희망과 기쁨 가득 안고
따뜻함을 전하는
사랑의 매개체가 되어
찾아오는 노령들께 사랑을
가슴가슴마다 가득하게 하소서.

달을 보며

6.25때도
달은 떴습니다.
그때 바라본 달은
근심처럼
하얗게 여위었습니다.

그래도 달을 보면
그리운 사람들이
그 달을 보며
그리운 사람들의
안부를 물었습니다.

낙화(落花)

지는 꽃을 피우느니
차라리
눈을 감겠습니다.

그래도 꽃은 피고,
다시 피어서
미소를 나눕니다.

때로는
지는 꽃이
이렇게 아름답습니다.

은빛대학의 하루

따듯한 모닥불이
그리워지는 첫 추위를
선생님들의 수고하심으로
따뜻한 하루를 마무리했습니다.

노인분들의 입에서
따뜻해서 좋았다는
찬사가 나올 수 있도록
일찍 본당에 나오셔서
난방을 점검해 주신
목사님이 수훈 갑이셨고
노인분들이 이구동성으로
고마워했습니다.

이가 빠지면 잇몸으로 산다하듯
오 선생님 너무 수고하셔서
이마에 땀방울이 뽀송뽀송 맺히셨고
송 선생님 예쁜 율동에
노인학생들의 시선이 집중됐었고
이 선생님 차접대하시기에 애쓰셨고

총무 선생님께서는 안팎 일
살피시기에 수고 많으셨습니다.

성원에 감사드리는 글

상쾌한 색바람은
구월의 대지를 여물게 하고,
창공에 피어오르는 흰구름은
희망을 한 아름 안겨주는 계절입니다.

그간 살펴주신
따뜻한 격려의 말씀과
끈끈하게 베풀어 주신 정은,
큰 힘 되고 의지 되어
저를 지탱케 한 원동력이 되었기에
진심으로 감사의 뜻 모아 올립니다.

세월은 부대인이라 하더니
교육전문직에 몸담아 온 지
어언 10여 성상,
정중동의 의지로
소임에 기여코자 하였으나
깊은 바다 속 같은 교육현장을 많이 배우고,
명에 의하여
정들었던 교단을 찾아
꿈의 나래를 펼 수 있게 되었음은

더 없는 영광이라 생각합니다.
지혜도 없고
경험 또한 부족하지만,
마중지봉의 격으로
젊음을 다시 살려
뜨거운 정열과 지고한 교육애를
교단에 불사르고자
다짐하고 재출발하오니,
각별하신 성원과 충고로
가는 길 바로잡아 주시길 바랍니다.

동트는 아침 바다의
물결을 가르면서
출항하는 범선이
만선의 꿈을 만끽하듯,
님의 앞날에
영광과 행운이
날마다 날마다
새로워질 것으로 믿습니다.

해가 나면 뜨거운가

간밤엔 햇볕도 없었는데
몹시 더웠다.
웬일인가
햇볕이 있어야
더운 줄 알았는데

말 없는 에어컨만
쉼 없이 돌아간다.
에어컨도 열을 낸다.
쉬지 못해 화가 났나.
화가 나면 열을 내는 건가.
그러면 날씨도 화가 났나보다.

꾸벅꾸벅거리는
큰 별 보고 물었다.
나도 화가 나면
아무 말 않고 꾸벅거리듯
너도 말 없이 꾸벅거리는 것을 보니
화가 단단히 났나보다.

별도 말할 수 없는

불만이 가득한 듯
꾸벅거리며
서쪽으로 서쪽으로 흘러간다.
그러면 해도 화가 났나
이렇게 뜨거운 것을 보니

아마도 사람들이
잘못하는 일이
너무 많은가보다.
사람들아 날씨 원망 말고
우리 모두 착하게 살자.

복슬이와 야옹이

양지 바른
대청마루 가에
복슬이와 야옹이가
오늘도 마주했지요.

복슬이 곁에는
흉내쟁이 야옹이가
오늘도 꾸벅꾸벅
어제도 그제도 꾸벅꾸벅.

나팔꽃

아내가 웃는 날에는
나팔꽃이 활짝 핍니다.

아내가 노여운 날에는
나팔꽃 줄기도 벌벌 떱니다.

한집에서 살아
마음이 이어졌나 봅니다.

첫 추위

따르릉 따르릉
전화벨이 울린다
여보세요!
예, 아버지 저예요
오! 그래 선영이냐
왜 이리 새벽부터 전화냐

아버지, 날씨가 많이 추워요
내복 입으셨어요?
녀석도
웬 새벽부터 내복 타령이야!
그래 염려 말거라

예, 아버지
주말에는 바람도 강하게 불고
비도 내려 최근 20년 동안에
가장 추운 날씨가 된다 하네요
어머니 새벽기도 가실 때
방한복 챙겨 입게 하세요
초동 추위 이기게 하셔요

웬, 녀석도
알았다 알았어!
너희도 조심하거라
예, 아버지
안녕히 계셔요.

지기지우 내 친구

오늘은 참으로 별난 날이다
60년 지기 내 친구가
시간 차 두고 전화가 오고 갔다

젊었던 날에는
1주일이 멀다하고
도시락 가방 걸머메고
산으로 강으로 헤매기도 했고
종종 틈새 내어
연구에 심취되어
밤잠 설친 때도 있었건만
이젠 그런 정황은
옛 이야기 되었다오

오늘같이 전화로라도 만나면
이 친구 저 친구 안부 전하고
잘 먹고 잘 자고 잘 걷자고
당부의 말이라도 나눌 텐데
이런 정황마저
오랜 세월 되었다오
＞

오늘은 하늘 낮고
온통 세상이 회색 빛깔이니
마음도 무겁고
궁금함이 많아서인가
이처럼 간발의 시간차 두고
내 친구가 전화라도 주고받으니
한결 마음만이라도 가벼워
옛정이 샘솟는 듯하오

쓸데없는 이야기 같지만
시간 날 때
오늘같이 전화라도
안부주고 받으면
하루를 열흘같이 사는
삶이 될 터인데
친구여 늘 건강하소서.

단풍잎의 희비

눈비 맞고
꽃샘추위 극복하며
한세월 같이 한
곱고 곱던 단풍잎
달이 차고 세월 가
찬이슬 찬바람 맞으며
택한 길 따라 헤어져

누구는
예쁜 손에 택함 받아
고운 책갈피에 안식하여
온갖 세상 유람하고
세상 쾌락 음미하며
한 세상 즐겼는데

뉘는
거친 손에 사로잡혀
세상 풍진에 시달리며
질시와 미움 속에 눈물짓고
모진 세파 원망하며
한세상 한탄하네

〈
어즈버
세월이여 참으로 야속하오
이 같은 갈림길은
운명인가 업보인가
참으로 세상살이
어렵고 어렵소.

아버님, 우리 아이 됐어요

가을 색 짙은 은구비에 오를 때에
휴대폰 울림이 연약하게 느끼어 온다

여보세요
아번님 저 둘째예요
귓전이 소스라치게 놀랐다
오! 그래 웬일이냐
기쁨이 턱밑까지 차오른 목소리로
저의 아이 됐어요
꿈에라도 듣고 싶었던 소식에 놀라
휴대폰을 놓칠 뻔했다.

기다리고 기다렸던 소식이기에
즉시 알아들었지만 꿈인 듯 싶었다
어미야 수고했다 애썼다
몽매에라도 듣고 싶었던 소식이었기에
은구비 하늘 높이 날아오를 듯했다

하계동에서 서울대학교까지 그 먼 길을
이겨낸 그 녀석도 장했지만
뒷바라지에 피곤했던 네 모습 아련하구나

어미야 수고했다. 잘 있거라
급히 전화를 끊고 다시 눌렀다
여보세요, 여보세요.
왜 이리 전화를 늦게 받아요
됐어요 됐어
무엇이 됐다는 거예요
아이고 참 답답도 하네
한 마디면 알아듣지 그것도 몰라
큰 소리쳤다

아~ 둘째네 아이 합격했다는 말인가요
응 그래요 그런 땐 잘도 알아듣네요
당신도 많이 기다렸구면
그럼 내 손녀인데 자기만 손녀인가
그렇고 말고요 당신이 더 애태웠지
팔십 노령에 하루도 거르지 않고
새벽 공기 가르며 예배당에 가서
눈물로 콧물로 드린 기도의 은혜야
당신 너무 수고 했어요
주님 감사합니다.

 아직도 서성이며

4부
시인이 쓴 산문

퇴임사

　고르지 못한 날씨에도 불구하고, 떠나는 저희들을 격려해 주시기 위해서 임석하신 대전광역시 홍성표 교육감님을 비롯하여 교육위원회 오광록 부의장님, 동·서부교육청 교육장님, 시의회 김성구 의장님을 비롯한 내빈 여러분, 그리고 각 학교 교장 선생님 및 교육동지 여러분과 교육가족 여러분께 진심으로 감사의 말씀을 올립니다.

　더욱이 분에 넘치는 식사와 축사의 말씀은 제 마음속에 고이 접어두어 남은 인생을 살아가는데 긍지로 삼기도 하고 가르침의 말씀으로 알고 살아가겠습니다.

　존경하는 교육감님,
　참으로 무상한 것이 세월인가 봅니다. 교복을 막 벗고 홍안의 철없던 시절 몸과 마음이 덜 성장했던 그 시절에 교직에 몸담아 오직 한 길.

　이제 이마에는 주름살이 깊어지고 귀밑머리가 반백이 되고 몸과 마음이 옛날 같지 않음을 보니 참으로 많은 세월이 흐른 듯합니다. 헤아려보면 긴긴 세월이었지만 머리에 스치는 감각으로 엊그제 교정에 들어선 것 같은데 벌써 40여 년이 흘렀습니다.

　최근 며칠간은 지난 세월이 파노라마 되어 밤잠을 설친 때도 있었습니다. 엊그제 꿈길에선 나나리봇짐 등에 지고 정처 없이 떠나는 꿈도 꾸었답니다. 어렸을 적 동무들과 재미있게 놀던 놀이터가 허물리고 고래등 같은 큰 집을 짓는 것을 보고 목을 놓아 울던 꿈도 꾸었답니다.

아마도 교직을 떠나야 할 것을 예견한 애잔한 마음 때문인 듯합니다. 이젠 우수 경칩도 지났으니 산천초목이 지기를 받아 새순이 힘차게 돋아나듯 우리의 교정에도 꽃같이 예쁘고 청순한 새싹들의 재잘거림에 먼동이 터 오르고 그들의 힘찬 발걸음 소리에 교정이 용틀임하겠지요.

봄이 되면 대지의 푸르고 싱싱함을 교실에서 찾을 수 있었고, 여름이면 여름방학을 맞는 즐거움과 새로운 것을 해보겠다는 희망을 안고 교문을 나서는 늠름했던 저들의 모습이 힘이 되어 무더운 여름의 피곤을 잊게 해 주었고, 가을이면 운동장이 무너져라 함성 치며 힘차게 뛰어 놀던 운동회, 그간 갈고 닦은 재능을 마음껏 자랑하며 선생님과 부모님의 마음을 하나로 묶어 창공에 높이 띄워 주던 예능발표회, 겨울이면 의젓하게 자란 모습으로 교실을 가득 채워주는 넉넉함 속에서 삶의 보람을 만끽했던 나날들이 이젠 옛이야기 속에 추억으로 간직되는 순간입니다.

순간순간 피곤한 때도 있었지만 시들 줄 모르는 싱싱한 세계, 멈출 줄 모르는 약동의 세계, 초록의 생명이 일일신하는 세계, 진실로 꿈같이 아름다운 세월이었고, 잊으려고 해도 잊을 수 없는 순간들.

누가 일러 세월을 찰나라 하였던가요? 참으로 한 순간에 보낸 것 같고 젊음이 그대로 머물러 있는 것 같은 혼돈 속에서 만감이 새롭고 꿈 같이 아름답기만 합니다.

존경하는 교육감님과 교육동지 여러분!
뒤를 돌아보면 떳떳했던 일보다는 부끄러움이 더 많았던 교직생활이었습니다. 채울 줄 아는 사람보다 비울 줄 아는 사람이 참인간이라 하였는데, 너무나 채우는 일에만 급급한 삶이었다고 돌아봅니다.

한국화에서도 여백이 미의 조화를 더하게 한다 하는데, 여유없이 채우는 일에만 허덕이었습니다. 어두운 밤이 지나면 밝은 아침이 온다는 것을 자연 현상으로만 생각했습니다. 추운 겨울이 지나가면 따스한 봄이 다시 찾아온다는 것도 당연한 사실로만 받아들였습니다.

'바람과 함께 사라지다'에서 마카레트 미첼이 '내일은 또 내일의 태양이 뜬다.'고 한 말도 소설의 한 대사로 받아들이고 말았습니다. 생각하면 부끄럽기만 합니다. 너무 무지해서 답답하기만 했다고 생각됩니다. 이 같은 부족함을 책하지 않고 협조해 주신 교육동지 여러분들의 따뜻한 마음, 너그러운 마음은 아마도 교육에 종사하고 있는 우리들만의 자랑거리라 생각합니다.
따뜻함과 너그러움이 바탕이 되고 힘이 되어 변화하는 교실, 희망을 주는 대전 교육의 원동력이 되었음을 자랑스럽게 생각하면서 교육감님을 비롯한 교육동지 여러분께 충심으로 감사드립니다.

교육동지 여러분

교육은 국가발전의 원동력입니다. 교육자는 위대한 힘을 갖고 있습니다. 정치가나 경제인이 이 나라를 이끌고 있습니다만 그 속에서, 그늘진 곳에서 명예도 영광도 모두 버리고 오직 후진 교육에 전념해 온 교육자의 힘이 자리하고 있기 때문입니다. 새로운 천년은 지식정보화의 시대입니다. 많은 지식을 축적한 국가가 강대국이고 일등국가입니다. 지식 중심 사회의 한 가운데에는 교육이 자리하고 있습니다. 그러므로 세계 각국이 교육개혁에 앞장서고 있습니다. 교육개혁은 모든 사람의 힘이 하나로 모여질 때 이루어집니다. 그러나 그 중추적인 역할은 역시 우리 교육동지의 힘이라 생각합니다. 교육에 대한 긍지를 가슴에 안고 교육입국의 신념으로 정진해 주시옵길 감히 말씀드려 봅니다.

교육동지 여러분!
마중지봉의 격으로 훌륭하신 교육동지 여러분의 틈새에서 많은 도움과 협력으로 흔들림 없이 여러분 선생님들과 함께 이 길을 걸어올 수 있었고, 오늘의 저희들이 존재할 수 있었다는 것을 생각할 때 다시 한 번 감사드립니다. 교육동지 여러분의 보살핌과 노력으로 가꾸어 온 대전교육의 발자취와 대전교육의 밝은 모습을 그려보면서 다시 태어나는 제2의 생을 열심히 그리고 부지런히 살아가겠습니다.

석양에 지는 해가 나그네의 발길을 재촉하듯 떠나야 할 시간이 가까워지고 있습니다. 만 가지 회포가 가슴에 스며듭니다. 바쁘신 일정에도 불구하시고 물러가는 저희 214명을 격려해 주시기 위해 참석해 주시고 주관해 주신 홍성표 교육감님을 비롯하여 관계관 여러분과 교육동지 여러분, 그리고 친지 여러분께 다시 한 번 감사드리면서 평안과 건강을 기원합니다.

안녕히 계십시오.

2000년 3월 8일
퇴직자 대표 정해창 올림

은구비 길

　어제도 눈발이 날렸다.
　봄이 쉽게 오지 않을 것을 알면서도 은구비 둘레길을 걸을 때면 여전히 발길 따라 나지막한 산수유 가지에 눈길이 머문다. 산수유 꽃이 필 때가 되었기 때문이다. 산수유 꽃이 피었던 곳을 여기저기 둘러봐도 질펀한 잔디밭엔 아직도 누런색 일색이다. 은구비 둘레길을 걸을 때면 이러하길 반복하다가, 지루하다 생각들 때면 어느새 산수유 가지마다 꽃봉오리가 여기저기에 맺혀 있어 내 눈을 놀라게 한다.

　매년 그랬듯이 혹독히 추울 것이라 생각했던 이번 겨울도 유난히 따뜻했기 때문인지 온종일 햇볕 드는 양지에는 산수유 꽃눈에 노란빛이 비치기 시작한다. 딱딱한 산수유 나뭇가지에도 기필코 노란빛이 돋을 것이란 믿음이 계절을 앞질러 가고 있다. 이러한 마음은 봄을 기다린다기보다 지루한 일상 속으로 봄바람처럼 불어올 변화를 갈망하는 간절한 마음 때문인지도 모른다.

　겨울이 쉽게 물러가지 않을 것을 알면서도 은구비 둘레길을 걸을 때면 자주 발밑을 보게 된다. 은구비에서 제일 먼저 볼 수 있는 곳이 산수유 꽃이기 때문이다. 이러하길 여러 번 반복하다가 제풀에 지칠 때쯤이면 산수유 가지에 꽃봉오리가 여기저기에 맺힌 것에 깜짝 놀라게 된다.

매년 그랬듯이 혹독히 추울 것이라 생각했던 이번 겨울 유난히 따뜻했기 때문인지 하루 종일 햇볕 드는 곳에 있는 산수유나무 가지의 꽃눈에는 붉으스레한 빛깔이 살며시 엿보인다. 딱딱한 산수유 꽃봉오리에서도 기필코 노란빛이 돌고 있다 믿으며 계절을 앞질러가고 있다. 이러한 마음은 딱히 봄을 기다린다기 보다 지루한 일상 속으로 봄바람처럼 불어 올 신선한 변화를 갈망하는 마음 때문인지도 모른다. 어쨌든지 2월은 우리의 눈이 지루함을 가장 많이 느끼는 달인지도 모른다.

은구비 공원 아래 살기 시작한 지 이십년이 훌쩍 지났다. 시간이 날 때마다 은구비 길을 걷지만 은구비 길에서 마주하는 사람들이 풍기는 분위기가 완연히 달라졌다. 옷깃 속에 목을 푹 넣고 걷던 사람들이 겨울옷을 벗어들고 활달하게 걷는 모습도 눈에 띈다. 연일 비슷비슷한 기온이 계속되고 있지만 분명히 오늘은 어제보다 햇볕이 다르고 내일은 그 느낌이 더 하겠지. 나뿐 아니라 다른 사람들도 앙상한 나무에 눈길을 주다가 통통한 나뭇가지에서 봄이 어디까지 왔는지 눈여겨보곤 하겠지.

노은동 한복판에 은구비 공원이 있다는 것은 큰 축복이다. 나는 그 축복을 한껏 느끼면서 오늘도 꾸준히 걷고 또 걷는다. 요즈음 자주 보는 사람들 가운데서 지난 가을 눈인사를 나누며 마주했던 낯익은 사람들의 모습이 보이질 않는다. 봄을 기다리는 마음으로 은구비에 오를 때마다 살펴보지만 마주할 길이 없다. 어디 사는 누구인지 잘은 몰라도 만나면 반가웠던 그 모습, 인자했던 그 얼굴을 상상하면서 오늘도 은구비 둘레길을 걷는다. 기억 속에 상상으로 머무른 그 얼굴들, 어디에 살든지 건강한 모습 편안한 마음으로 살기를 간구하며 오늘도 힘차게 걷고 또 걷는다.

만남의 기쁨

좋으신 하나님! 사랑에 감사드립니다. 변덕스럽게 춥던 2월의 날씨 뒷자락에서 우수도 지나고 경칩도 내일 모레입니다. 이젠 먼 산자락에 아지랑이 피어오르는 양지 바른 눈 녹아내린 언덕엔 연노란 초록이 고운 빛을 뽐내겠지요. 봄내음 젖은 아낙네의 고운 손질이 달래 냉이를 캐어내는 춘3월입니다. 발걸음 돌리기 섭섭했던 종강식 정경이 엊그제 같았는데 3개월의 긴 겨울방학도 봄볕에 잔설 녹듯 우리들의 재잘거림에 꼬리를 내렸습니다.

꿈에나 그려보았던 얼굴들, 어디 사는 누구인지 잘 알지는 못해도 만나면 반갑고 못 보면 궁금했던 얼굴들, 이젠 자주 만날 수 있어 기쁨이 되고 희망이 됩니다. 이 기쁨이 하나님의 축복이라 생각하니 더욱 감사합니다.

하나님 아버지!
'너희가 내 안에 거하고 내 말이 너희 안에 거하면 무엇이든지 원하는 대로 구하라. 그리하면 이루어진다.'고 하셨습니다.

하나님!
이 자리에 머리 숙인 은빛대학 학생 한분 한분을 하나님 안에 살게 하시며, 하나님 말씀을 우리 가슴에 품고 있어 우리가 원하는 모든 것들이 이루어지게 인도하사 사랑주시고 기쁨 주셔서 봄 학기 내내 결

석하지 않도록 안위하옵시고 훌륭하신 강사선생님과 친구들을 만날 수 있는 목요일의 기다림이 목마른 사슴이 옹달샘 찾듯 기다리게 하옵시고, 만남과 만남에서 사랑이 샘솟아 형제자매 같게 하옵소서.

하나님 아버지,
오늘도 당신 만나 행복했습니다란 말이 우리들 마음에서 샘솟게 하옵시고, 남의 시선으로 나를 돌아보는 긍휼이 있어 서로가 이웃에 행복을 전하는 행복바이러스 되게 하옵소서. 돌아보면 무언가 안 될 때가 참으로 많았습니다. 불안과 희망이 거대한 도돌이표로 이루어지는 무심한 세월! 그 흐름 속에 조금은 불행했거나 조금은 행복했다거나 모두 좋습니다. 그게 바로 삶이니까 말입니다. 운명의 발길질에 주저앉지 않는 것만으로도 대견스럽지 않던가요? 각자의 위치에서 살아남은 자신에게 장하다 칭찬하는 일도 좋을 듯합니다. 그것이 바로 삶이라 생각되어지고 이것이 지금까지 살아온 지혜라 생각됩니다.

이러한 이야기가 있습니다. '잘난 것은 자신의 몫이고, 걱정하고 잠 못 이루는 것은 부모의 몫'이라 하지 않습니까? 나 또한 돌아보면 잠 못 이루는 수많은 밤들을 내 부모에게 안겨드렸을 것이 아닌가, 한참 세월이 흐른 후에야 부모의 가슴 태운 밤을 떠올리고 슬픔을 느끼는 게 인간인 듯합니다. 내가 좀 더 일찍 부모 마음을 헤아릴 줄 알았다면 세상이 이 모양으로 흘러가지 않았을 것이라 생각하니 젊었던 날이 후회스러워집니다.

하나님 아버지,

자유롭고 풍요로운 오늘을 살 수 있도록 인도해 주신 권세로 옛날을 돌아볼 수 있는 지혜주심에 감사합니다. 우리가 어렸을 때 우리말을 사용하면 벌을 받았고, 솜을 구하기 어려웠던 그 시절 엄동설한에도 홑바지저고리 입고 벌벌 떨며 굶주림에 허덕였던 70여 년 전을 돌아보면 눈물겨웠던 옛 모습이 눈앞에 아른해집니다.

　주님!
　이처럼 헐벗고 굶주리면서 자유 없이 살아 온 이 나라에 복음을 주시고 부유케 살 수 있는 는 권능주심에 감사합니다. 하나님의 권능으로 저들을 다스리사 남북이 선의로 경쟁하며 평화통일의 기틀을 마련해 주시옵고, 이 나라 지도자들로 하여금 한 나라의 역사는 새로움을 보태고 낡은 흐름은 덜어내어 그침없이 미래로 흘러가는 것이 역사의 순리임을 직시하게 하시고, 정권을 잡은 세력이나 잡으려는 세력마다 뒤집고 엎고 쪼개고 가르고 나누는 정쟁과 분열에만 정신 팔지 않고 오직 정도로 나가는 평상심을 회복하게 하옵소서.

　하나님 아버지
　노은교회를 위하여 기도합니다. 저희들을 사랑하시는 가운데 은빛대학도 사랑하사 부흥케 하옵시고 그 중심에 서 계신 김용혁 담임 목사님 성령으로 전신 감주하사 강건케 하옵시고, 노은교회의 9대 비전이 조속히 이루어지게 하옵소서. 이 모든 말씀 예수님 이름으로 기도합니다. 아멘.

석별의 정

　하나님 아버지 감사합니다. 가을 학기동안 노은은빛대학 학생들이 전 과정을 수료할 수 있는 은혜 주심에 감사합니다. 주님! 돌아보면 세월이 참으로 무상합니다. 청청했던 푸른 잎이 곱게 물들어 가을바람에 낙화되니 애처로운 단풍잎 한잎 두잎만 동그만이 나뭇가지에 달려 고고함을 더하게 합니다. 보고 싶은 사람이 더 보고 싶어지는 이 계절에 저희들, 이 시각 이후에 뿔뿔이 흩어져 각자의 위치에서 서로를 그리워하며 겨울 방학을 맞이합니다.

　주님, 저마다 잔잔한 소망을 가슴에 품고 언제 어디서나 기도하는 저희들 되게 하옵시고, 저희들 마음을 온유함으로 채워 주사 작은 일 하나하나마다 기쁨 되어 마음이 미치는 곳마다 감사가 넘치고, 저희가 머무는 곳마다 행복이 샘솟아 함께하는 모든 이들이 영광을 받게 하옵소서.

　주님, 반가운 만남이 엊그제였는데 또 방학을 맞이합니다. 1주일이 멀다 기다려지던 목요일, 엷은 미소가 담긴 주름진 얼굴들, 어디 사는 누구인지 잘은 몰라도 만나면 두 손 잡고 반겨주든 예쁜 눈망울, 이젠 눈만 감아도 밤하늘에 별빛 되어 내 마음에 기쁨 주고 희망 주었던 주름 잡힌 고운 얼굴들.

　내일이면 또 보고 싶고 만나고 싶을 텐데, 2018년도 봄학기 만남을 기다리다 내 이마엔 고운 주름 또 하나 늘어나겠네.

하나님! 보고 싶은 얼굴들, 꿈길에서라도 만나 보게 하옵시고, 따뜻한 손길이라도 마주 잡게 하옵소서.

하나님! '사람이 마음으로 자기 길을 계획할지라도 그 길을 인도하는 이는 여호와 하나님'이라 하셨습니다.

이 자리에 머리 숙인 노은 은빛대학 학생 하나하나를 기억하시옵고, 겨울방학 하루하루를 돌봐주시고 살펴주셔서 건강하고 보람찬 겨울방학이 되도록 그 발걸음을 인도하시어 한 사람도 실족하는 일 없도록 살펴 주사 건강한 모습으로 다시 만나 손에 손잡고 재회의 기쁨 나누게 하옵소서.
평안하고 즐거운 방학되게 하옵소서.

하나님 아버지!
호사다마라 하더니 인생사에서 가장 중대한 수능시험을 1주일 앞둔 시점에서 청천벽력과 같은 지진 소식에 이어 대학 수능시험이 1주일 연기됐다는 발표가 있을 때, 수험생을 둔 부모들의 카카오톡 단체방에는 이 소식이 실화냐 하며 어이없어 하는 반응과 문제집을 다 버리고 왔다는 수험생들의 걱정, 부모들은 추가로 생긴 1주일 동안을 어떻게 학생들의 마음을 다잡을 수 있을까에 대한 걱정과 위로하는 대화가 폭주했다고 합니다.
주님! 이들을 위로하여 주옵소서.
다음날 조간신문을 펼쳤을 때엔 처참했습니다. 입이 오므라들지 아니했습니다. 무너진 건물, 파손된 차량, 갈라진 땅바닥의 처참함은 먼 나라의 풍경을 보는 듯 아득했습니다.

　우리의 부모형제가 살아왔고 찬란했던 역사와 꿈이 깃든 이곳의 참혹한 모습을 볼 때 형언할 수 없는 감정이 벅차올랐습니다. 주님! 간절히 바라옵건대, 수능시험이 펼쳐지고 있는 오늘만은 여진이 일어나지 않게 역사하사 하나님의 은혜를 찬양하게 하옵소서.

　하나님 아버지, 노은교회를 위하여 기도합니다. 은빛대학을 사랑하시고 은혜를 베풀어 주시는 김용혁 담임 목사님을 사랑하시고, 축복 주셔서 연수가 더 높아질수록 강건케 하옵시고, 성령이 더욱 충만하사 말씀의 능력이 뛰어나 성도들이 구름 같이 모이게 하사, 노은 교회의 9대 비전이 여호와 하나님 안에서 아름답게 추진되게 하옵시고, 독수리처럼 비상하라는 외침 따라 우리 노은교회의 위용이 하늘 높이 치솟게 하옵시며, 노은은빛대학도 더욱 발전하여 더 많은 은빛 대학 학생들께 우리 선생님들이 사랑으로 헌신하게 하옵소서. 이 모든 말씀 예수님 이름 받들어 기도합니다. 아멘.

아직도 서성이며

아직도 서성이며
정해창 시집

발 행 일 | 2021년 11월 23일
지 은 이 | 정해창
발 행 인 | 李憲錫
발 행 처 | 오늘의문학사
출판등록 | 제55호(1993년 6월 23일)
주   소 | 대전광역시 동구 대전로 867번길 52(삼성동 한밭오피스텔 401호)
전화번호 | (042)624-2980
팩시밀리 | (042)628-2983
카   페 | http://cafe.daum.net/gljang (문학사랑 글짱들)
           cafe.daum.net/art-i-ma(월간 충청예술문화)
전자우편 | hs2980@daum.net
공 급 처 | 한국출판협동조합
주문전화 | (02)716-5616
팩시밀리 | (02)716-2999

ISBN 979-11-6493-162-0
값 15,000원

ⓒ정해창 2021

* 이 책은 ㈜교보문고에서 E-Book(전자책)으로 제작·판매합니다.
* 잘못 제작된 책은 바꾸어 드립니다.

문학사랑 시인선

013	이완순	세상 위에 나를 그리다
014	오희용	이야기 나무
015	곽우희	여전희 푸르고
016	조근호	바람의 동행
017	김영우	길 따라 물길을 따라
018	조남익	광야의 씨앗
019	지봉성	고도
020	이근풍	아침에 창을 열면
021	나이현	들국화 향기 속에
022	이영옥	길눈
023	전성희	당신의 귀가 닫힌다
024	김기원	행복 모자이크
025	김영수	소쩍새 한 마리
026	고덕상	고요한 기다림
027	권상기	초록빛 그리움
028	김주현	분명한 모순
029	김해림	멈추지 않는 발걸음으로
030	김영우	갈맷길을 걸으며
031	이완순	海印을 찾다
032	엄기창	춤바위
033	장덕천	싸구려와 친구하다
034	조남익	흙빛의 말
035	김명배	달팽이 외나무다리 건너기
036	김화자	꽃잎 편지
037	조문자	매화 앞에서
038	정주탁	무지갯빛 추억
039	전성희	푸른 밤으로의 잠
040	한정민	진도 육자배기
041	김영우	비바 파파, 치유의 미소
042	이영옥	알사탕
043	김정아	갠지스강 모래톱에서
044	리헌석	공산성 바람소리
045	정진석	雜草를 뽑으며
046	최영호	다 읽어도 남은 편지
047	김창현	대청호 오백리 길